_____ 님에게

詩라는 그릇에 담긴 말들이
지상의 어두운 그늘을 밀어내고
따뜻한 동행이 되고자
이 시집을 드립니다

년   월   일

고독의 계단

이한우 시집

시인의 말

바람이 불지 않는데도
내 마음에는 바람이 일고
출렁이는 물결입니다

언어의 풀밭에서
하나의 시어를 보물처럼
찾고 있는 소리입니다

한 줄의 금맥을 찾고 싶어
반짝이는 별들의 말
서툴러도 그려보려 합니다

삶의 언저리에서
시와 서예가 짝이 되어
내 영혼을 보듬는 시간

고독을 즐기며
남은 시간을 선비처럼

2024년 시월 상달에
시인 **이한우**

이한우 시집 / **고독의 계단**

시인의 말　　　　　　　　　　　　　　　5

제1부
고독의 계단

가을 남자	12	빈방	26
가을밤	13	빈집	27
가을	14	사는 이유	28
고독의 계단	16	애상	29
기다림	18	아무도 없었다	30
당신의 본심	19	애증	32
기대	20	이별 연습	33
모퉁이	22	잊지 않으려	34
보고파 했네	23	혼자 있고 싶을 때	35
보고픔	24		

제2부
문경 새재

갈망	38	요양원에서	52
기쁨	39	음성	54
나뭇잎	40	잃어버린 시간	56
낮술	42	지금	57
눈물	43	철쭉제	58
문경 새재	44	초서처럼	59
백서	46	한 편의 시를 쓰면	60
버린 시간	48	하고 싶으면	62
영춘제	50		

제3부
베란다에 꽃이

그늘	64	여정	72
강술	65	이제는	74
꽃과 나비	66	장날	75
동행	67	잡초	76
따라오지 마	68	주점에서	78
무념	69	풍경	79
베란다에 꽃이	70	함성	80
빈 병	71	흔들바위	82

제4부
월명산

그때	84	봄비	93
그렇게 가 버렸다	86	서무실 방죽	94
그 시절	88	선유도	96
대보름	90	철길	97
덮어라	92	월명산	98

제5부
육거리 시장

겨울 철쭉	102	애정	108
그림자	103	육거리 시장	109
능금나무	104	이명	110
당신은 알고 있을까	105	잔돌이 되어	111
마음의 꽃	106	인생	112
바람	107	참나무	114

제1부
고독의 계단

가을 남자
가을밤
가을
고독의 계단
기다림
당신의 본심
기대
모퉁이
보고파 했네
보고픔
빈방
빈집
사는 이유
애상
아무도 없었다
애증
이별 연습
잊지 않으려
혼자 있고 싶을 때

가을 남자

당신은 어디서 왔습니까
이미 가을입니다
푸른 하늘이 너무 고와
돌을 던지고 싶었던
동심의 어린 시절부터
비바리 깃을 올리고
하얀 머리칼을 바람에 적시며
삶의 아픔과 외로움을
주머니에 가득 채워
이름 모를 곳을 향해
떠나는 지금

당신에게
조용히 고백하고 있습니다

가을밤

누군가의 음성이
작게 들려오는 것 같아
창문을 여니
어둠에 서성이다
밀려오는 그리움

가버린 시간들의
여울 속에서
진하게 엉겨오는 그리움
하얀 아픔이 되어
가슴 저려오는 건
당신을 향한 보고픔일까

이 밤도 기다림과
고독을 마시면서
깊어가는 가을밤에
당신을 그리며

가을

언제부터인가
소슬한 바람이 스며오면
그냥 떠나고 싶다

꽃구름 되어 아무도 찾지 않는
심산의 바위에 앉아
나무들과 대화를 하며
옆에서 반겨 미소 짓는
들풀을 만지면서 심오한 영안의 순간들

인적이 없는 조용한 들판
작은 도랑물 흐르는 냇가에 앉아
지난날의 모든 추억들
풀잎에 새겨
흘려보내고 싶다

가을은
누군가를 그리워하고
애타게 기다리는
계절인가 보다

꽃구름 타고
미지의 땅으로
떠나고 싶다

고독의 계단

슬프다고 하지 마
태어날 때부터 떠날 때까지
처음부터 혼자였으니까

아무리 열심히 살았고
참된 삶이었다고 자부하지만
운명할 때
묘지 앞에 꽃을 놓고
눈물도 흘리겠지
돌아가는 그들의 표정을 살펴봐

아침부터 밤중까지
현장에서 힘들게 보내지만
돌아갈 곳이 있고 반겨줄 사람이 있어
뜨거운 차 한 잔과
환한 미소가 있잖아

고독하다고 하지 마
싱그러움을 자랑하던 나무들이 들풀들이
저마다 몸매를 화려하게 치장하는
만추에 숲속을 걸어봐
나뭇잎 사이로 스쳐 가는 풍운 위로
그리운 사람의 모습이 보일지도 몰라

기다림

언제 올 줄 모르는데
기다리며 사는 것은
언젠가
태양이 잠들려 할 무렵
어둠 속으로
조용히 문을 두드릴 것 같아서

걸려올 전화도 없으면서
자꾸 폰을 열어 보는 것은
어쩌면
그대 문자라도 와 있을 것 같아서
해맑은 음성이
들려 올 것 같아서

기다리며 사는 건
기다릴 사람이 있다는 건
그래도 행복이지요

당신의 본심

담담한
당신의 본심

탐내고 싶지 않습니다
당신의 본심을 탐낼수록
내 마음 더
외로워질까 두렵습니다

그냥 바라보며
기억으로만 살겠습니다

기대

찾아올 사람도 없는데
기다릴 사람도 없는데
지나치다 들릴 사람도 없는데
누구를 기다리는 것인가

아닌 줄 알면서도
소용없는 일인 줄 알면서도
이 자리를 떠나지 못하는 건
당신이 그리워서가 아니고
보고파서도 아닙니다

어떤 이유로 떠났는지
알고 싶어서
언젠가는 한번 들릴 거라는
막연한 기대 때문에

우리의 인연은
누구보다 순수하고 고귀했으며
행복했어요

그 순간들 때문에
기약 없는 기다림에
오늘도 하루가
저물어 가고 있네요

모퉁이

돌아서 가면 보이지 않는다
마지막 보이는 모습이
아쉽고 안타깝다

다시는 만날 수 없는 슬픔이기에
가슴에 어려오는 서러움과 아픔
차라리 보지 말고
내가 먼저 돌아설까 봐

보고파 했네

하늘에 떠 있는
구름 한 점 보고도
그대를 보고파 했네

지나가는 바람이 스쳐도
그대를 그리워했네

그대를 보고파 하는 것은
내 생의 전부였고
내 삶의 전부였네

보고픔

이렇게 흰 눈이 내리는 날이면
가만히 그려 보고 싶은
얼굴이 있다
흐르는 시간 속에
선명하게는 아니어도

흩어지는 눈발 같은 속삭임으로
하얀 그리움이 여울지고
낙하하는 눈 속에
그리움은 썩어 멀리 던지고 싶다

만나고 싶어도 만날 수 없는 서글픔에
함박눈을 맞으며 걷던
뚝방 길을 추억하며
보고픔은 아픔으로
시리게 적셔옵니다

눈 내리는 거리에
휘청거리며 걷고 있는
나그네는
어디로 가고 있는가

빈방

채워지지 않는
영혼의 아픔이 가득한

고독이 새벽을 깨우고
외로움이 밤새 우는

기다림이 항시 차 있어도
언제고 비어 있는 빈방엔
돌아올지 모를 당신을 위해

어쩌면 영원히
당신을 만날 수 없다 해도…

빈집

아무도 살지 않아
빈집이라는데

종일
기다림의 상자를 열어놓고
대문을 살짝 비껴놓았는데

바람 소리
귀먹었네
누군가 찾아올 것 같은데
아무도 오지 않는
빈집이라네

빈집에 살고 있네

사는 이유

이 세상에서
나를
인정해 주고
믿어 주고
사랑하는
단 한 사람

당신이 있기에

애상

새벽 붉은 섬광이
산기슭으로
용광로처럼 타오르고
신안 호수 위로
밤을 지켜온 백조 한 마리
외롭게 홀로 떠 있다
누구를 기다리고 있는 걸까

산으로 뒤덮인 물그림자
잉어 떼가 산 위로 유영하고
떠난 임 애타게 그리워서
애절하게 울어대는
산비둘기 울음소리
잔잔하게 흔들리고
호수엔
하루가 시작된다

아무도 없었다

밤이슬이 내리는 냇가에
차가운 침묵만이 흐르고
굳어진 표정만이
별빛에 희미하게 비치고

떠난다는 건
다시 만날 수 없는
다시 마주할 수 없는
운명이라면
너무 가혹하지 않는가

아픈 가슴을 안고
돌덩이보다 무거운 마음
아무 말도 할 수 없고
어떤 행동도 되지 않는 막막함
소리 없는 공간 위로
걸어갔다

우린
그렇게 떠났다
마주 보던 그곳엔
지금 아무도 없다

애증

보고 싶어도 못 보는 것이 있다
그것이 당신의 진정한 마음이다

찾아가고 싶어도
만나주지 않는 것이 있다
그것은 당신 내면의 속심이다
보여주지 않는 그 안의 것은 무엇인가

밤새 꿈속에 그리다가
날이 새면 사라져 버리는 환상은
허전한 마음속에 진한 안타까움만

곁에 있어도 만지지 못하는 당신의 진심
혼자 있는 것 같은 무심한 표정
언제까지 견디고 기다려야 하나

이별 연습

조천의 저녁
별빛과 난간 위에 늘어선 불빛
함께 어우러져
다리 밑으로
흐르는 영롱한 색채들
만추에 차가운 풍화는
아픈 가슴을 스쳐 가는데

무슨 말을 해야 하나
그저 서로를 바라보며
침묵하며 돌아서자
지난 시간을 더듬어야 무엇하리

세월이 흐른 후에도
우린 마주할 수 있을까
또
마주해서
무슨 대화를 해야 하나

잊지 않으려

어떤 날
그렇게 가버린 시간 위로
하얗게 흐트러진 상념
그대를 잊지 않기 위해
잊으려 합니다

그대를 잊지 않기 위해
잊으려 하는 아픔을
엎질러버린 술잔에
담아보지만
움켜쥔 통곡의 절규는
외쳐도 돌아오지 않는
거품이 되어…

온 세상에 풍겨진
아름답던 추억의 흔적들이
슬픔의 파도 되어 밀려오지만
그대를 잊지 않기 위해
잊으려 합니다

혼자 있고 싶을 때

나는 언제고 혼자였다
깊은 절망과 좌절이 올 때
혼란한 상념이 몰려오고
외로움이 가슴에 엉겨오면
홀로 산에 오른다

나무들은 말이 없지만
내 마음을 알아주는 듯
잎사귀는 펄럭이며 반겨주고
바람은 어깨를 안아주며 지나가고
구름은 같이 가자고
동향으로 흘러가자
바위에 앉아 숨을 모으면
편안해진다

혼자라는
아무도 없다는 상실감에
고요가 침잠해 올 때
산은 내게 말한다
인간은 언제고 외롭고 홀로라는 것을

제2부
문경 새재

갈망

기쁨

나뭇잎

낮술

눈물

문경 새재

백서

버린 시간

영춘제

요양원에서

음성

잃어버린 시간

지금

철쭉제

초서처럼

한 편의 시를 쓰면

하고 싶으면

갈망

생명이 허무한 영지
강한 의지와 진지한 욕구
숨 가쁜 풍지엔 목숨보다 고귀한
진한 갈망의 늪에서
이루어야겠다는 한 가지 신념
그렇게 잔혹한 패배의 순간에도
가던 길에 미끄러져 주저앉아도
다시 일어서
휘청거리면서도 다시 행했다
가다 쓰러져도 끝까지 가야 한다
남의 시선 같은 것은 없다
정상은 까마득히 보이지 않지만
이제 입구지만
생명이 다하도록 가야 한다
오르지 못한다 해도

기쁨

기쁨이란
누가 가져다주는 것도 아니고
어디서 찾아오는 것도 아니다

내가 스스로 만드는 것이다

나뭇잎

모든 나무들이
색깔의 의미가 다르다

춘풍을 타고
새롭게 피어날 때는
연한 연두색으로 시작해서
진한 녹색의 푸르름을 과시하다
서늘한 대지의 입김이 오면
자기만이 가진 특성의
화장이 시작된다

노란 은행나무
갈색의 자작나무
붉은 단풍잎
모든 나무들은
형형색색의 아름다운 조화로
산천을 눈부시게 한다

우리도
자기만이 소유한 색깔로
살고 있는 건가

낮술

한낮에
휘청거리며 가고 있다
매일 다니던 길인데
생소하고 낯설어
나무들도 아는 척을 안 한다
어제부터
지난날이 찾아와 하도 괴롭혀서
병 채로 나팔을 불었더니

하늘이 흑색이다
구겨져 가는
기억들을 버리려
마구 휘갈겨 써 보자

진한 갈증에
마셔버리면
새로운 것들이
몰려오기도 하는구나

눈물

너는 누구를 위해
가슴이 찢어지도록
울어 본 적이 있는가

절망과 좌절이 밀려와
아무것도 할 수 없는 상황에서
소리치고 싶어도 목청이 터지지 않을 때
탄성의 눈물을 흘려보라
힘껏 울다 보면
마음으로 오는 시원함을
엉켜있던 것들이 풀릴지 모른다

무언가에 감동을 받았을 때
가슴에 스며드는 따스함
기분이 향기로운 내음으로
눈가에 적셔오는 따스함

눈물은 우리들에게
기쁨과 아픔을 준다

문경 새재

무엇이었을까
어디로
그냥 떠나고 싶은 계절에

기대와 반가운 만남으로
아름다운 이 땅의 서예인들이
함께한 자리
풍화가 비껴가고
수목들도 호흡을 멈추는
소중한 축제의 자리
함뿍 피어난 미소
영감의 고동 소리
심혈을 기울인 정성이 뜨거워

2관문까지 길게 늘어선 작품들
붉게 물든 사과보다 곱다

내가 존재하는 일상의 능선에서
붓은
영원한 안식이고 기쁨이라고…

백서

붓을 잡으면
모든 잡념이 사라진다
기도하는 마음같이
정숙해진다

하이얀 화선지
검은 물결이 풍길 때
심오한 영혼이 펄럭인다

폭풍처럼 강렬하게
실버들같이 섬세하고 가냘프게
트랙의 원을 도는 교묘함과
리듬에 맞춰 선회하는
무희의 황홀한 기교처럼
한 획 한 획 써질 때마다
무아의 경지와
희열이 극치에 달한다

한 가지 색깔로
정도를 지키면서
평온하고 보람된 생을
살아갈 수 있다면

버린 시간

무엇을 해야겠다는 생각으로
너무나 많은 허송세월에
안타깝고 초조할 때도 있다

몇 시간을 안두 앞에 앉아
몰두해 보지만
잡념만 맴돌다 사라진다
다시 집중해 보지만
송용 없다

거리에 나서
여기저기 서성거리다
카페에
차를 마시며 음률에 젖어보지만
원고지엔 낙서만…

써야겠다는
욕망과 처절한 애절함에도
써지지 않는 것은
깊은 사유가 부족함일까
가능성이 없는 걸까

기간은 가고 있고
소중한 시간은
버려지고 있다
꽃 같은 수려한 시어들이
몰려올 거라는 기다림으로
폐지같이 흩어졌던 상념들이
다시 정리되어
돌아올 거라는 기대감으로

영춘제

오월의 햇살이 감미롭게
온 누리에 내려오고
화사한 꽃들이 웃음을 함빡
바람은 살며시 다가와
옷깃을 스치고
꽃구름은 하늘을 곱게 색칠하며
숲과 물로 가득 찬 호반엔
감미로운 멜로디가 섞인
예쁘고 감성적인 목소리

나무와 잎의 사이
꽃 위를 걸어
청남대를 모두 흔들어 버리고
우리들의 가슴에
깊은 감동으로 엉겨온다

전국에서 몰려온 사람들
청아하고 옥을 굴리듯
고운 목소리를 영원히
기억할지도

잠시라도 일상의 모든 걸 잊고
자연에 안겨 기쁨과 즐거움이
자주 있었으면

요양원에서

처음 보는 할머니
반갑게 웃으면서 다가와
인사한다
올케는 잘 있느냐는 안부에
고개를 끄덕였다
가슴에 스며오는 안타까움
아는 사람으로 착각한 것이다

삶의 모든 것을 잃어버린 것이다
가끔은 가물가물 기억도 나겠지
참으로 기가 막히고
서글픔이다
인간은 결국에는
아픔과 고통에 시달리다
생을 마감해야 하나

위문 공연을 간
시 낭송의 목소리도 떨리고 메어서
제대로 못 한 것 같다
마치고 나오면서
가슴이 무거웠고
남의 일이 아닌 것 같았다

남은 시간이 얼마나 남았을까
아프지 말고 하고 싶은 것
다 하면서 즐겁게 살다 가야지

음성

가느다란 풀피리 음율 위로
물방울이 흐르는 듯
잔잔하고 고요하게 들려오는 목소리

깊은 산골에
가랑잎을 밟는 부스럭 소리
때론 갑자기 쏟아지는 소나기와 함께
천둥소리
들려오는 음성은
발음이 정확하고 매듭이 딱 떨어지고
파도 위를 걷는 리듬의 조화

청중 앞의
음성은 밝고
우아하고 옥을 굴리듯
청아하고 고와야
그들의 가슴에 다가가고
마음을 울릴 수 있다

좋은 목소리를 가질 수 있다는 건
행운이고 즐거움 아닐까

잃어버린 시간

하늘에 날아다니는 그 무엇
보일 듯 보이지 않는다
누구의 환상일까
버리고 싶었던 기억의 잔해였을까
모두 가버린
창백한 시간 위를 걷고 있다

아무리 달려 보아야
제 자리인 것을
몸부림치고 뛰어온
지금
남아 있는 것이 무엇인가
아무 것도 없는
허상의 세월이지

텅 빈 시간 위로
지난 시간 위로
새로운 길을 찾자
험하고 모질어도
천천히 가자

지금

쉬지 않고 달려온
지금의 순간은
무엇을 위해
누구를 향한
긴 기다림이었나

집념이 강했던 시대의 애착도
우주를 태울 듯한 욕망의 불꽃은
어디 가고
연기가 되어
어디로 사라져버렸나

아무것도 가진 것 없고
남길 것 없는
그저 조용히 쉬고 싶다

철쭉제

내 여인의 립스틱보다
더 짙은 색깔의 철쭉꽃이
꽃 내음을 풍긴다
환하게 웃음 짓는 하늘 아래

이 강산의
서예를 사랑하는 사람들이 모인 자리
기량과 정성의 혼을 담아
풍기는 한 획 한 획마다
창조의 신비로운 선이다

영혼이 침묵하는 이 순간은
어떻게 말할 수 있겠는가
삶의 언저리에서
참된 예술의 경지에 도달하려는
자아의 향기 매로 이기에
작은 행복 아닌가

초서처럼

막 휘갈겨 놓은 것 같아도
난해한 사유 함축시켜
쉽고 간단하게 쓸 수 있게
구성된 글자

복잡하고 어려움이 엉켜있는
삶을 간단하고
편안하게 구성하고
살아갈 수 있다면

초서처럼
일상을 원칙과 격식을
조금은 비껴가더라도
어렵지만 어렵지 않게
사는 것도 좋지 않을까

한 편의 시를 쓰면

새벽에 한 수의 영감이 떠올라
내 외로운 시 밭에서
캐어내는 소중한 언어들

하루 종일 기분이 상쾌하다
공을 찾던 나는
골망을 흔드는 기쁨과 환호의 기분이다

화선지 위의 초서도 강물처럼 휘갈겨지고
아침 운동도 날아갈 것 같이 가볍다
저녁 산책길에 모르는 사람을 만나도
반가이 인사를 한다

하나의 시어를 찾기 위해
노트북 앞에 몇 시간 앉아도 보았고
조용한 다실에서 한참을 음악에도
그냥 떠나 파도가 일렁이는 바닷가도 거닐고
배낭을 지고 산성도 올랐으며
이름 없는 선술집에 소주도 엎질렀다

이렇게
고뇌와 영혼의 아픔과
새로운 창조의 신비를 위해
갈구하는데
커피 한 잔 값인 시집

시인은 외로울 수밖에 없나 보다

하고 싶으면

눈에 눈을 맞고
바람이 불면 바람을 적시고

목이 마르면 물을 마시고
입이 허전하면 한잔하고

피곤하면 휴식하고
졸음이 오면 잠을 자고

하고 싶으면 하고
하기 싫으면 말고

인생 사는 일
이러한데

만사가 부러울 것 무엇이
있으리오

제3부
베란다에 꽃이

그늘
강술
꽃과 나비
동행
따라오지 마
무념
베란다에 꽃이
빈 병
여정
이제는
장날
잡초
주점에서
풍경
함성
흔들바위

그늘

목마르게 타들어 가는
황막한 벌판에는
갈증과 작열하는 태양의 열기뿐
풀잎은 더위에 견디지 못해
푹 찌그러져서 울상이다
강렬하게 쏟아지는 햇빛은
누구를 향한 외침인가

잠시만이라도
쉬어 갈 그늘은 없을까
심한 갈증에 시달리는
순간만이라도 멈추게 하는
방법은 없을까

이렇게 살아왔다
그래도 작은 촌음이라도
멈추고 싶다

강술

한잔 마시고 싶으면
시간
돈
허비할 것 없어

동네 구멍가게
소주 한 병
나팔 불고
안주는 손가락 빨면 그만

지나가는 바람 세워
한 모금 나누어 주며
너도 취하고
나도 취하고

꽃과 나비

벌은 꿀을 만들기 위해
꽃가루를 채취하지만
나비는 왜 꽃을 찾아다니며
꽃잎에서 노는 걸까
각종의 많은 나무와
소박하고 화려한 들풀들이 지천인데

나도 꽃처럼 치장하고
서 있으면 나비가 찾아올까

동행

같이 걷는 길
혼자 걸으면 외롭고 쓸쓸하고
둘이 가면 정답고 다정해 보여
셋이 함께하면 즐겁고 화목하고
내가 나가 아닌
우리는 힘든 삶의 공동체이며
필연인 것을

무거운 짐을
혼자서 들 수 없어도
힘을 합치면 들어 지고
여럿의 의견을
진지하게 논의하면
쉽게 해결도 한다

외롭고 역경이 많은 인생
서로를 이해하고 보듬어 주는
같이 간다는 사람이 있다면
얼마나 좋을까

따라오지 마

자꾸 따라오지 마
내가 가고 있는 곳은
나도 어딘지 잘 모르니까
밤새 생각의 터널에서
벗어나지 못하고
헤매고 있는 중이야
아까는 먼 불빛처럼 비치다가
가까이 오지도 못하고
사라져버려

너무 어두워
희미하게 보일듯하다
없어져 버려
소멸되는 안타까움
너무 오래 앉아 허리도 아파
눈도 가물거려

잡념아 따라다니지 말고
잠깐이라도 피해 줄 수 없니
한 줄의 글을 쓰게

무념

아침에 일어나
베란다 의자에 앉아
매일 보아도 같은 풍경들
여기저기 서 있는 아파트
붉은 벽돌의 초등학교 강당
신호등엔 푸른 불이 점화되고
반복되는 일상이 무료하다

아무 생각 없이
모든 것을 바라보니
무언가 달라지는 것 같다
무아의 경지
마음이 편안하다
무엇을 하고 어디를 가야 하는데
근심 걱정 일에 대한 압박
모두 떨쳐 버리니
안정이 찾아온다

이런 시간들이 사는 동안
자주 있었으면 좋겠다

베란다에 꽃이

창문 모퉁이
노란 유채꽃이 피어 있다
흙도 없는 콘크리트 바닥이다
새가 씨앗을 물어다 놓은 걸까
바람에 날아와 떨어진 걸까

여행을 하다가
바위 위에 자라는 소나무를 보며
어떻게 저런 곳에 생존하나
신기하다고 생각한 적이 있다

아무리 살펴보아도
아무 것도 없다
식물은 흙과 물이 있어야
자라는 것이 아닌가

내년에도 다시 피기를
기다려 본다

빈 병

가득 차 있을 때는
큰소리치고 우쭐대지만
다 퍼주고 나면
버림받는
휴지통이나 재활용 신세

잘 나갈 때는
구름처럼 주변에 몰리다가
잘못되면
언제 그랬냐는 듯이
소리 없이 사라지고
빈 병같이
거리에 뒹구는
초라한 모습이 된다

살아가는데
빈 병이 되어서는 안 되는데
내가 지금 빈 병이네

여정

어디까지 왔는가
먼 인생행로를
삶의 가지마다 엉킨 시련
아픈 기억들과
버리고 싶지 않은 추억들

한 소쿠리에 담아
흐르는 세월에 던져 본다

아무것도 이룬 것 없고
아무것도 가진 것 없고
아무것도 남길 것 없는
공허한 지금
무엇을 위해
무엇 때문에

꿈도
소중한 바램도
성취하지 못했더라도
후회하지 말고
그저 모든 것을 망각하고
조용히 살자

이제는

긴 시간의 여울 속에서
세파에 시달리며
팽개치고 찌그러져
빈 깡통이 된 지금이지만

집념으로 키워왔던
커다란 욕망과 신념도
이제는 모두 내려놓자
남은 삶은
조용히 아주 조용히 숨죽여 살자

아무 생각 말고
백치가 되어
하루가 주어진 것을
감사하면서 보내자

장날

전국에서 모여드는
옥산 순대 국밥집
장날만 영업하는 날
골목 입구까지 길게 늘어선
사람들 줄을 서서 기다리면
더 맛이 있는 걸까

옛날 할머니의 손맛
북적거리는 시골 잔칫집 같다
탁주 한잔에 시끌거리며 쏟아내는
삶의 활기찬 모습 가득 차고
고성에 웃음소리
얼마나 맛이 있길래
이렇게 모여드는 걸까

장날에 어둠이 내려도
소란한 목소리들이
멀리까지 울려 퍼진다

잡초

길 모퉁이
누구의 관심도 없고
시선도 가지 않는
외롭고 쓸쓸한 꽃
그러나 슬프지 않다
매일 찾아오는 친구들이 있다

잎 위에서 놀아 주던 이슬은
얼굴 씻어 주고
바람은 살짝 다가와
헛둘 헛둘 운동 시켜주고
한낮 더위가 오면
구름이 지나가다 잠깐 멈추어서
그늘이 되어주고

어두운 밤이면
별들이 소근소근 말을 걸어오고
달도 가끔 마실 와서 놀아 준다

그저 의연하게
정해진 자리에서
불평 없이
견디는 잡초야
나도 네 곁에 있어 줄게

주점에서

풀잎 하나 잡을 수 없는 허망에
등 떠밀려 기대선 주점
나를 잊기 위해서
나를 버리고 싶어서
술을 마신다

동그란 술잔에 비친 나는
입도 코도 귀도 없는 동그라미
어디서 굴러왔는가
어디로 굴러가고 있는가
둥근 잔 안에서 흔들흔들

내가 나를 마시자
콧대 세우고 지나온 강에
빠진 내가 보인다

풍경

새벽 붉은 섬광이
산기슭으로
용광로처럼 타오르고
신안저수지 위로
밤을 지켜온 백조 한 마리
누구를 기다리고 있는 걸까
혼자 떠 있다

산으로 뒤덮인 물그림자
잉어 떼가 산으로 헤엄치고
떠난 임 애타게 그리워서
애절하게 우는 산 비둘기
비둘기 울음소리에
잔잔한 물결에
하루가 시작된다

함성

들리는가
세상을 삼켜버릴 우렁찬 환호 소리
깃발을 흔들며 박수치며
아우성치는 함성을
이 순간만은 아무것도 생각나지 않는다
무아의 경지다
모든 것을 잊는다

가득 메운 체육관의
열기는 대단하다
농구공이 링에 들어가면 난리가 나고
실패하면 아쉬움 소리가
선수들의 최선을 다하는
열심히 뛰는 모습에 감탄하며
우리도 일상을 그렇게 살아야 하고
상대의 멋진 슛이 들어가면
박수치는 배려가
스포츠 정신이다

뜨겁게 달구어진
공간 속에 함께 어울려
분위기에 취하고 열광하는
순간만은
삶의 적은 휴식이다

흔들바위

설악의 억년 세월을
비바람에도 눈보라에도
이글대는 태양의 열기 속에
차고 떠밀고 밀쳐도
흔들리며 견디어온 뚝심

거대한 목표를 향해
쓰러질 것 같으면서
흔들리며 휘청거리면서
굳건히 버티고 선 너처럼
아무 일 없었던 듯 사는 거다

제4부
월명산

그때
그렇게 가 버렸다
그 시절
대보름
덮어라
봄비
서무실 방죽
선유도
철길
월명산

그때

이렇게 봄비가 내리는 밤이면
아스라이 떠오르는
얼굴이 있다
다시 보아도 알아볼지 모를
희미한

통금을 알리는 사이렌 소리
집은 멀고 걱정되어
경찰의 호각 소리에 놀라
신축되고 있는 주택에 숨었는데
소녀가 겁에 질려 있었다

처음에는 어색했지만
통금이 풀리는 시각까지
오래전에 아는 사이처럼
많은 대화를 했다
김소월의 진달래꽃 톨스토이 부활
문학소녀는 나보다 더 해박했다
우린 아무것도 묻지 않았다

내 교복에 달린 이름표
보았을지 모르지만

그녀도 나처럼 글을 쓰고 있을까
이름이라도 물어 볼 걸
어디에 살고 무엇을 하고 있을까
그때
순수했던 이야기들
이런 밤이면
가끔 생각이 나며
그때가 그리워진다

누군가와 저녁에서
아침이 올 때까지
대화한 사람이 없고
밤을 새우며
이야기할 사람이
있다면…

그렇게 가 버렸다

그날은
가랑비가 소리 없이
옷깃을 적실까 말까
내리는 오후였다

카페 아르댕
엘콘드 파사 사이멘과 가푼걸의
철새는 날아가고 음률이 흐르고
마치 우리들의
지금의 운명처럼
애처롭게 울려오고
마주한 시선은
아무 말도 하지 못하고
바라보고만 있었다

비를 맞으며
어깨가 흐느끼는 듯
걸어가는 그녀가
보이지 않을 때까지
서 있었다

우린 사랑하면서
왜 헤어져야 하나
슬픈 인연이여 안녕!

그 시절

그 하늘 아래
푸른 하늘의 흰 구름을 보면
아주 먼 시간의
아련한 기억들이 가슴에 엉겨온다

지금
어디서 어떤 모습으로 살고 있니
가슴이 시리도록
그리운 친구들아

그땐
무심천 냇가에서
남녀가 저만큼 떨어져 미역을 감았고
자그만 손으로 붕어 송사리 움킬 때
가끔은 노란 조개도 나왔지

마음 설레며 기다리던
소풍 가는 날이나 운동회 날이면
왜 그리 비가 오는지

공동묘지 귀신 나왔다고
우르르 몰려다니던 어이없는 기억들까지

잊혀지지 않는 아름다운 추억
다시 돌아가고픈 동심의 그 시절
보고 싶은 벗들아
푸른 하늘의 운각*에
사연을 보내 다오
아무 말 안 해도 좋아
화사한 미소만이라도

* 운각 : 구름 조각

대보름

거북아 거북아
천년 거북아 놀자

한가위 밝은 달이
가득 지붕 위로 멈추고
거북이 가면을 앞세워
동네 조무래기들은
집집마다 돌면서
고함을 지른다

언제부터인가
주현마을에 명절 때면 내려오는 풍습
인경 할머니는
차례 지내고 남은
부침개나 과일을
한 소쿠리 가득 주신다

즐겁게 나누어 먹고는
불꽃놀이 한다
빈 깡통에 구멍을 뚫어 재료를 넣고
불을 당겨 함성을 지르며 돌리는 것이다
그 희열과 즐거움은
무엇과 비교할 수 있을까

아, 지금은
도심으로 변해버린
그때가 한없이 그립구나

덮어라

버리고 싶거든

잊고 싶거든

기억하기 싫거든

마음에 멍석을 크게 만들어

확 덮어버려라

봄비

언제 부터인가
조용히 내리는 봄비와 함께
다가오는 영상
당신의 하얀 미소

작은 기척으로
스며오는 보고픔
당신의 검은 동공에
젖어드는 물방울

기나긴 아픔을 이겨낸
얼어붙은 대지를
살며시 녹여주는 비
당신의 향기 같은

서무실 방죽

지금은
엘지화학 우렁찬 기계소리와
산업단지 된 자리

방죽 위로 스무 마지기의 논
옆에는 한 마지기 묘자리 논
휴일이면 아버지와 툴레로
물을 가득 채웠고

우렁이 똥방게 미꾸리 붕어
고기들이 지천했고
아버진 논에 가실 때 가끔 잡아 오셨다

가을이면
황금 들판에는
메뚜기 떼가 널려있고
커다란 줄 잎 위로 고추잠자리
방죽 위로 날아다녔고
하늘은 너무 파랬다

영원히 묻혀버린 서무실 방죽
너무 생각 나는 시간들

선유도

신선이 내려와 살다가
승천했다는 섬에는
우뚝 선 망주봉의 암석 아래
푸른 파도가 출렁인다
모래 위를 걸으면 속삭이는 파도
잘 들리지는 않지만
청명하고 풍화 없는 날에
혼자 걷느냐고 말하는 것 같다

맨발로 밟는 모래의 감촉은
시원하면서도 껄끄럽고 상큼한 기분이다
끝없이 펼쳐진 파도 위를 걷고 싶다
이 심정 누가 알까

즐거웠던 지난날의 추억과
그리움의 조각들을 함께 모아
파도에 실려 그대에게 보낸다

철길

산야를 달린다
때론 도심의 한복판 가로지른다
부딪히지 않고
마주 보면서
종착지를 향해 쉬지 않고
화사한 햇빛이 쏟아지는 봄날에도
눈보라 치는 추운 겨울에도
하나의 목표를 향해 전진한다
시련과 어려운 난관 돌파하려고
긴 여정의 길에
정지하지 않고 뛰어가는 거다

아직 종착지는 멀고 험난한데
지금 얼마나 이루어 놓았는가
어디까지 왔는가
마주 보고 달려온 길
만족하며 뜨겁게 포옹할 수 있는지
철길 같은 인생아!

월명산

차거운 솔잎 바람이
귀를 시리게 하는
눈이 내리는 산기슭엔
우 우 우 함성 소리
토끼는 놀라서
산등선으로 달려 보지만
위에서 기다리고 있는
나무 몽둥이를 벗어나지 못하고
잡히고 만다
추위도 사라지고
즐겁고 신났던 토끼 사냥

진달래가 만발한
날이면
우리는 탱크바위에 앉아
멀리 부모산을 바라보며
유유히 흘러가는 까치네 물결을 쳐다보며
청운에 미래의 꿈을 키웠지

풍화 속에
간간이 들려오는 목탁 소리

너무나
아련한 그때의 모습들

제5부
육거리 시장

겨울 철쭉
그림자
능금나무
당신은 알고 있을까
마음의 꽃
바람
애정
육거리 시장
이명
잔돌이 되어
인생
참나무

겨울 철쭉

정원에 핀 철쭉꽃
계절을 잃은 걸까
자유이고 싶은 건가

하고 싶은 것
마음대로 못하는 일상
소유하고 싶어도
뜻대로 되지 않는
우리의 현실

아무 때나
피고 싶으면 피고
원하는 대로 하는
네가…

하얀 눈
붉은 철쭉
보라빛 마음

그림자

언제나 함께하는
작열하는 태양 아래도
자작나무 숲을 지날 때도
외로운 달밤에
혼자 걸을 때도
같이 있어 주고
분신이 되어주는
그림자

그림자도 혼자
너도 외롭니?
너의 아바타가 많이
있었으면 좋겠다

능금나무

내 고향은 남쪽인데
기후가 더워져서
충청도까지 이사 왔는데

여기서도 못 견디고
강원도 산골
온도가 맞지 않아 살 수가 없네

더 밀리면 분계선까지
건너야 하는데 걱정이네

세계에서 사계가 있어
가장 살기 좋다는 우리나라에도
기후 변화가 오고 있네

당신은 알고 있을까

밤새 내리는 비를 맞으며
차마 두드리지 못하고
창가에서 기다리고 서 있는

창문은 열지 않아도
마음의 문이라도
살짝 열어 줄 수 없을까

애절한 내 사랑을
비는 알고 있을까
당신은 알고 있을까

마음의 꽃

꽃은 봉우리를 터트리기 전에
신비함이고
활짝 만개했을 때 아름다움과
화려함에 감동과 즐거움을 주지만
낙화할 때는 아쉬움과
서글픔을 준다

당신을 향한
신뢰와 사랑의 꽃
마음의 꽃은
시들지 않는
영원한 꽃이랍니다

바람

바람은 보이지 않는다
소리도 잘 내지 않는다
그림자도 없다
하늘과 땅 어디든지
마음대로 갈 수 있다
평소에는 온화하고 조용하다
살며시 다가와
부드럽게 얼굴도 만져준다
하지만 소리 지르며
비까지 섞어서 광음도 낸다

나도
바람이고 싶을 때가 있다

애정

너를 향한 마음에
꽃을 심고 싶다

온갖 시련과 고난에 시달려도
피지 못 해도

물 주고
정성껏 가꾸며 기다리는

육거리 시장

겨울
새벽도 깨기 전
육거리 도깨비시장

불빛 눈빛 뒤섞여 번쩍번쩍
팔고 사는 숨소리가 뛰고
오고 가는 걸음에 긴장하며
몸을 밀고 당기고 부딪히며
까치발로 북적거린다

골목 선술집
얼큰한 콩나물국 탁주 한 잔
시끄러운 안주가 향기 짙다

장작 난로에 추위를 녹이며
커피 한 잔에 비탈길 눕히며
발을 모으는 꿈이 따뜻하다

이명

깊은 산 속에서도
도심의 한복판에서도
들리는 소리

혹, 기적 소리가 아닐까

잔돌이 되어

당신과 나의
사랑탑 높이 쌓기 위해
작은 틈바구니를 막아주는
잔돌이 되겠습니다

무거움에 눌리고
숨이 막혀 답답해도
당신을 향한 그리움으로
참고 인내하겠습니다

인생

지금까지 잘 살아 왔는데
어쩌란 건가
남겨진 시간이 얼마나 남았는지 몰라도
말없이 지내고 싶다

돌아보면
아무것도 아니었는데
어렵고 힘들게 왔는가
누가 무어라 해도
참고 왔어야 하고
안될 때
내색하지 않고 견디고
잘 될 때 자만하지 말고
조용히 자족하며 겸손해야 했는데

지나고 보면
별것도 아니고
남은 것도 가져갈 것도 없는
빈 공허인데

저무는 삶의 공간 위로
아무 불만 없이
주어진 대로 즐기면서
그렇게 살다 갔으면…

참나무

우리나라 강산에는
수많은 나무들이 있다
인간이 심지 않아도
자생하며 번식하는 나무가 있다

도토리나무라고 부르는
우리의 생활 속에 도움을 주는
표고버섯의 원목이 되고
땔감도 되고 타버리면 숯이 되는 나무
공기를 정화 시키고
음식 구이에 다시 불꽃이 되고
열매는 묵을 만든다

다람쥐는 겨울 양식을 위해
도토리를 열심히 모아
여기저기 땅속에 저장한다
하지만 지능이 약해
일부만 찾아 먹어

봄이 되면 새로운 싹이 되어
낙엽을 뚫고 올라오는 나무

우리는 자연의 섭리에 적응하는
저들에게 고마워해야 한다

MEMO

MEMO

MEMO

MEMO

이한우 시집

고독의 계단

초판 인쇄	2024년 11월 10일
초판 발행	2024년 11월 13일

지은이	이한우
펴낸곳	도서출판 책나라
등록	110-91-10104호(2004.1.14)
주소	⍟ 03377 서울시 은평구 녹번로 3가길 14, 라임하우스 1층 101호
전화	(02)389-0146~7
팩스	(02)289-0147
홈페이지	http://cafe.daum.net/sinmunye
이메일	E-mail / sinmunye@hanmail.net

값 13,000원

ⓒ 이한우, 2024
ISBN 979-11-92271-38-5

* 이 책 내용의 전부 또는 일부를 재사용하려면
  저작권자와 도서출판 책나라 양측과 협의하여야 합니다.
* 저자와의 협의에 의하여 인지를 생략합니다.
* 파본은 구매 서점에서 교환하여 드립니다.